HENRY MONNIER

EN COURS DE PUBLICATION

CHEZ LE MÊME LIBRAIRE

MÉMOIRES DE NINON DE LENCLOS

PAR EUGÈNE DE MIRECOURT

60 livraisons à 25 centimes, avec gravures:
18 fr. l'ouvrage complet par la poste.

OUVRAGE TERMINÉ

CONFESSIONS DE MARION DELORME

PAR EUGÈNE DE MIRECOURT

60 livraisons à 25 centimes, avec gravures.
18 fr. l'ouvrage complet par la poste.

PARIS. — IMP. SIMON RAÇON ET COMP., RUE D'ERFURT.

Carey, del. et sc.   Imp. de Mangeon, 67. r. St Jacq. Paris.

HENRY MONNIER

Publié par G. HAVARD

LES CONTEMPORAINS

HENRY
MONNIER

PAR

EUGÈNE DE MIRECOURT

PARIS

GUSTAVE HAVARD, ÉDITEUR

15, RUE GUÉNÉGAUD, 15

1857

HENRY MONNIER

Nous sommes en présence de l'une des plus originales figures de ce temps-ci.

Homme de lettres, dessinateur et comédien, c'est-à-dire trois fois artiste, Henry Monnier a un triple droit à figurer dans notre galerie contemporaine.

Né à Paris, en 1802, il reçut le jour sous une humble habitation, que le ha-

sard, parfois ironique, avait accolée à cette
foule de majestueux hôtels où, depuis M. de
Beaujon, s'abrite l'aristocratie financière.

Son père était un honnête et pauvre
employé.

L'enfance de Henry s'écoula, sinon dans
la gène, du moins dans une situation de
fortune très-médiocre, et sans rien con-
naître du luxe, à l'exception du peu que
lui en montraient les splendides carrosses
du voisinage et les galons de la valetaille
en livrée.

A l'âge de dix ans, il obtint, à force
d'instances, un petit uniforme de lancier
polonais.

Toute la race enfantine de l'époque
jouait à cette mascarade guerrière.

Ainsi affublé, portant haut la tête et traînant avec orgueil un sabre microsco-pique, Henry se dirigea vers le lycée Bonaparte, où son père l'envoyait comme externe. -

Il était en cinquième quand arriva le désastre de 1814.

Le jour où les Cosaques entrèrent dans Paris, notre lycéen, trouvant les portes de sa classe fermées, voulut regagner la maison paternelle; mais il lui fut impossible, au retour, de traverser le boulevard.

Nos amis les ennemis étaient en train d'accomplir leur défilé pompeux.

Ce spectacle est resté ineffaçable dans son souvenir, et, comme les impressions du jeune âge décident quelquefois des

sentiments de toute l'existence, il en rap-
porta le culte de la dynastie impériale,
culte auquel il n'a jamais renoncé depuis
cette époque.

On sait combien les passions s'exaltè-
rent lorsque la royauté légitime eut la
pensée aussi maladroite qu'imprudente de
traiter la France en pays conquis.

Sur les bancs du lycée, devenu collége
royal de Bourbon, l'orage politique gron-
dait aussi fort que partout ailleurs.

Les élèves se partageaient en royalistes
et en bonapartistes.

Ils se gourmaient avec un acharnement
incroyable, les uns pour le drapeau blanc,
les autres pour le drapeau tricolore.

Néanmoins, il faut le dire, le plus grand

nombre appuyait les fleurs de lis. Tous
ceux qui se rangeaient sous la bannière
hostile aux Bourbons étaient ignominieu-
sement traités de *fédérés*.

Henry se moquait de l'épithète, ou plutôt il la considérait comme un titre de
gloire.

Dieu sait tout ce que sa ferveur pour la
cause napoléonienne lui valut de horions
et de coups de poing !

Il regardait le censeur du collège comme
son ennemi personnel depuis certain acte
de violence et de scandale commis en face
de tous les élèves.

Voici l'histoire.

Un matin, à l'ouverture des classes, le

censeur, congréganiste de premier choix,
et, par cela même, fort bien en cour, se
prend de querelle avec un ancien offi-
cier, devenu chef d'institution. Il le traite
de bonapartiste et de libéral.

Celui-ci riposte en l'appelant *Tartufe*.

Le censeur, furieux, se précipite sur son
ennemi et s'efforce de lui arracher le ru-
ban noué à sa boutonnière, tentative ré-
primée sur-le-champ par une paire de
soufflets magnifiques.

On porte ce débat au jugement du
ministre, et le chef d'institution est dé-
possédé de son brevet.

Henry se déclare aussitôt le vengeur de
la victime.

Dessinant déjà les bonshommes et les charges d'une manière fort pittoresque, il crayonne le long des murs de la cour et dans toutes les salles de classe mille croquis peu flattés du censeur.

La charge était frappante.

Chacun pouvait aisément reconnaître le personnage à ses rares cheveux gris frisés en ailes de pigeon, à sa longue redingote noisette et à ses souliers à boucle.

Notre élève caricaturiste représentait le malheureux fonctionnaire déclamant deux tragédies, dont la rumeur publique le déclarait coupable. L'une de ces tragédies avait pour titre *Romulus*, et l'autre *Cassandre*.

Or le premier chef-d'œuvre du censeur commençait ainsi :

O Rémus, dominez sur les remparts de Rome

Seulement Henry avait soin d'écrire :

Oremus, domine, etc.

C'était dans tout le collége une sorte de
révolution. Les maîtres avaient beau donner l'ordre d'effacer et de gratter ces caricatures impertinentes, elles reparais-
saient le lendemain avec des enjolivements
nouveaux, et l'artiste moqueur en cou-
vrait les murailles de plus belle, sans
jamais se laisser surprendre.

On eût dit qu'il possédait l'anneau de
Gygès.

M. Legrand, — c'était le nom du cen-

seur, — en perdait l'appétit et le sommeil.
Son désespoir le rendit malade. Il eut une
abominable jaunisse.

Henry Monnier quitta le collége à seize
ans.

Son front, nous devons le dire, était
vierge de lauriers universitaires; et, depuis cette époque, il se brouilla complétement avec le grec et le latin.

De ses études classiques, il ne lui resta
qu'une fort belle écriture et une orthographe suffisante.

Assez inquiet de l'avenir d'un enfant
qui n'annonçait un goût décidé pour aucune profession, M. Monnier le fit entrer
chez un notaire: ressource habituelle des
parents empêtrés de leur progéniture.

Henry végéta quelques mois dans les

fonctions de petit clerc, écrivant le matin, courant le soir, usant tour à tour ses coudes à noircir des paperasses et ses bottes à sauter les ruisseaux.

On ne lui parlait en aucune sorte d'appointements.

Quelques-uns de ses collègues gagnaient jusqu'à cent écus; lui ne recevait absolument rien, si ce n'est d'innombrables taloches, quand il rechignait pour aller querir le petit pain traditionnel et les deux sous de confitures destinés au déjeuner des clercs supérieurs.

M. Monnier comprit que dix années au moins se passeraient avant que son fils pût atteindre à la position lucrative de maître clerc, bâton de maréchal des apprentis tabellions sans fortune.

L'exiguïté de ses ressources ne lui permettait pas d'entretenir longtemps le jeune homme aux frais de la maison paternelle.

Il le plaça comme surnuméraire à la chancellerie, division des affaires criminelles. Le futur Prudhomme était chargé d'une correspondance active et permanente avec tous les bourreaux de France et de Navarre.

Pécuniairement parlant, il se trouva d'abord dans les mêmes conditions qu'à son étude; mais il avait l'espoir d'émarger un état d'appointements sous un terme assez rapproché.

Nous avons dit qu'il possédait, comme scribe, un mérite de premier ordre.

Cet avantage, aujourd'hui fort com-

mun, grâce aux progrès de l'écriture an-
glaise, était alors assez rare chez les employés.

Il en résultait pour Henry un inconvé-
nient très-grave.

Tout ce qu'il y avait de neveux de
directeurs ou de filleuls de chefs de division lui passaient sur le corps, attendu
que ces jeunes gens, disgraciés au point
de vue de la calligraphie, ne pouvaient
se rendre utiles que dans l'emploi de ré-
dacteurs.

Il n'apercevait donc à l'horizon administratif aucune espèce d'avancement.

Peu jaloux de rester trente années de
sa vie expéditionnaire à quinze ou dix-
huit cents livres, il cherchait à sortir de

cette position par trop rebutante, et qui, le jour où on le mettrait à la retraite, lui donnerait à peine de quoi subsister.

Tout contribuait à lui faire prendre sa place en dégoût.

Le chef de bureau, d'une nature atrabilaire et hargneuse, lui cherchait noise à chaque minute.

Quant au commis d'ordre, humilié de l'orthographe de Henry et de sa coulée splendide, il ne laissait échapper aucune occasion de lui être désagréable.

Mais comment secouer le joug bureaucratique?

Des fumées de gloire militaire montaient parfois au cerveau du jeune homme.

En lisant les fastes de l'Empire, il sentait un enthousiasme belliqueux lui échauffer l'âme.

Par malheur, le temps des exploits homériques n'était plus.

Napoléon venait de mourir à Sainte-Hélène, et la pacifique Restauration ne prodiguait pas l'avancement dans l'armée, surtout à qui n'avait à offrir qu'un certificat de roture.

Henry ne s'arrêta donc point à ses rêves d'héroïsme.

Il jeta les yeux sur la carrière commerciale. On lui proposait d'entrer dans une maison de roulage, dont le patron lui était connu, lorsqu'une rencontre fortuite ou-

vrit tout à coup à son avenir une perspec-
tive plus noble.

Se promenant, un dimanche, au mar-
ché du Louvre, il rencontre un ancien
camarade de collége qui se jette avec effu-
sion dans ses bras, et lui fait mille ques-
tions et mille caresses.

Nous laissons Henry Monnier rapporter
lui-même le dialogue qu'ils eurent en-
semble :

« — Es-tu peintre? lui demanda son
ex-condisciple.

« — Je suis tout bonnement expéditionnaire.... Et toi?

« — Peintre, cher ami !... peintre,
élève de Girodet.

« — Et la vie ?

« — Très-joyeuse. J'ai des leçons, je fais des portraits qui ne me sont pas payés bien cher; mais j'en fais beaucoup.

« — Et tu te sauves sur la quantité ?

« — Je gagne en suffisance pour payer mes frais d'atelier et ne pas mourir de faim. Bref, ce mois-ci j'aurai encaissé deux cents francs.

« — Deux cents francs !... Mais ce sont les honoraires d'un commis d'ordre !... Et tu es libre ?

« — Libre comme l'air.

« — Et tu t'amuses ?

« — Je ne fais que cela. Mais il faut piocher dur si l'on veut arriver.

« — Diable ! c'est donc bien difficile, la peinture ?

« — Eh ! mon bon, c'est comme dans tout, il faut avoir des dispositions. Mais, j'y songe, tu en as de fameuses, toi ! Tu campais crânement les bonshommes au collége.

« — Tu penses que je pourrais essayer ?

« — Parbleu ! Je t'offre mes leçons, d'abord.

« — Et je les accepte, mon ami. Vraiment, je crois qu'il me pousse enfin une vocation ! »

Tel fut l'enchaînement de circonstances au moyen desquelles le jeune homme s'é-

chappa du traquenard administratif pour
se jeter à corps perdu dans les champs
sans limite de l'art et de la fantaisie.

Un mois après le dialogue que nous ve-
nons de rapporter, Henry envoyait fière-
ment sa démission au ministre de la
justice.

Puis il fut reçu comme élève à l'atelier
de Girodet.

Sa famille jeta les hauts cris.

Mais il coupa court à toutes les récri-
minations en déclarant qu'il ne demande-
rait plus un centime à la bourse paternelle et qu'il saurait de lui-même subve-
nir aux besoins de l'existence.

— Et comment cela, malheureux ? lui
dit son père.

— Je ferai pour les éditeurs des caricatures et des dessins, répondit-il.

En effet, son ami l'avait présenté à quelques-uns de ces industriels. Ceux-ci goû-
taient fort ses pochades, et ils lui en ache-
taient déjà de nombreuses collections.

Une des plus curieuses est celle des
Employés.

Dans l'atelier de Girodet-Trioson, notre
dessinateur débutant ne se montra pas de
première force en académies. Seulement,
tout d'abord, aucun élève ne put arriver
à sa hauteur en fait de caricatures ou de
charges parlées.

La *scie* (le mot n'était pas inventé,

mais la chose existait déjà) trouvait en lui son maître incomparable.

Chaque jour son entrée dans le cercle des rapins était accueillie par d'enthou-siastes applaudissements.

Ses camarades quittaient brosses et crayons.

On entourait Monnier, on lui deman-dait le compte rendu comique des charges de la veille, car il consacrait régulière-ment ses soirées à de nombreuses mysti-fications.

— Raconte-nous tes exploits! criaient en chœur nos jeunes diables.

Il ne se faisait pas prier.

D'un air grave et calme il entamait son

récit. Pendant une heure, les rapins se tenaient les côtés dans un accès de fou rire. Quelques-uns même se roulaient sur le carreau et demandaient grâce, tant leur gaieté frisait l'épilepsie.

Pour étonner des rapins, il faut cependant des choses de l'autre monde.

Monnier, disons-le, n'avait pas la moindre chance d'obtenir le prix de Rome, ni même un accessit; mais sa renommée de mystificateur et l'inimitable talent qu'il déployait dans les scènes bouffonnes se répandirent au loin.

Tout ce que Paris comptait alors d'amusants viveurs cherchait à se lier avec lui.

On briguait la gloire de lui servir de complice.

Henry devint l'ami intime de Romieu, de Romieu, qui, plus tard.... mais alors. il ne s'occupait absolument qu'à satisfaire sa rancune féroce contre l'*épicier*, symbole éternel de tout ce qui n'est point artiste, littérateur ou savant.

Quelle recrue superbe pour le futur préfet, pour l'auteur à venir du *Spectre rouge !*

A eux seuls ils valaient toute l'armée de la scie.

Les combinaisons les plus ingénieuses et les plus désolantes pour leurs victimes germaient constamment dans ces deux cervelles fécondes, et les charges arrivaient bientôt, à une exécution immédiate.

— Vois-tu, mon cher, disait Romieu, chaque homme, ici-bas, accomplit sa destinée. La nôtre consiste à fournir des documents à ceux qui rédigeront le martyrologe du bourgeois.

— Tu l'as dit, répondait Monnier. A propos, connais-tu notre voisin, le marchand d'ombrelles?

— Un individu grêlé, qui a le nez de travers et qui louche des deux yeux?

— Précisément.

— Après?

— Tu vois, sur le devant de sa porte, quelque chose comme une cage.

— Oui, avec de petites bêtes qui grouillent dedans.

— Ce sont des furets, je te le dis en confidence; mais n'en abuse pas, et laisse-moi faire.

Henry descend ses quatre étages.

Il s'arrête devant le seuil de la boutique, où le naïf marchand de riflards et d'ombrelles hume les miasmes du ruisseau.

— Bon Dieu! s'écrie-t-il en regardant la cage avec toutes les marques de la surprise et de l'admiration, les jolis petits cochons d'Inde!

— Ah! pardon, jeune homme, pardon, fit le marchand, ce sont des furets.

— Des furets?... Allons donc ! vous plaisantez! Des furets.... ça ?

— On me les a vendus pour des furets, je vous assure.

— Quelque ignorant stupide en fait d'histoire naturelle, soit. Du reste, on ne vous a pas volé, mon cher monsieur, car ces animaux-là sont d'une espèce très-rare. Ce sont des cochons d'Inde d'Océanie.... Ah ! mon Dieu ! mon Dieu ! les jolis petits cochons !

— Vous croyez?... Là, vraiment, votre parole.... ce ne sont pas des furets? dit le marchand de parapluies.

S'il n'en était pas encore à la conviction absolue, il dépassait au moins déjà les limites du doute.

— Parbleu! reprend Monnier, c'est mon affaire, à moi, de distinguer les cochons des furets. Je suis empailleur au Jardin des Plantes.

— Ah! monsieur est empailleur.... Diable! c'est bien différent! Recevez, je vous prie, toutes mes excuses.

Et voilà le pauvre homme entièrement persuadé qu'on l'a induit dans une grave erreur sur l'espèce véritable de ses animaux.

Le lendemain, il voit stationner devant la cage un autre jeune homme, qui, après avoir curieusement examiné les bêtes, pousse tout haut cette exclamation :

— Saperlotte! les gentils furets!

— Vous vous trompez, dit majestueusement le fabricant d'ombrelles. Ce ne sont pas des furets, ce sont des cochons d'Inde d'Océanie.

— Bourgeois, répond Romieu d'un ton digne, pour qui me prenez-vous? Je sais peut-être distinguer un furet d'un cochon.

— Ta! ta! j'étais comme vous. Un de mes amis, empailleur au Jardin des Plantes, m'a certifié....

— Votre ami est un polisson, qui se raille de votre innocence.

— Permettez....

— Je ne permets rien, ce sont des furets.

La discussion fut longue. Enfin le mar-

chand crut devoir se rendre aux excel-
lentes raisons de Romieu.

— Ce farceur d'hier ! s'écria-t-il. Je savais bien que je ne me trompais pas !

Monnier donne le mot à trois ateliers de
rapins.

Quinze jours durant, l'industriel voit
s'arrêter à sa devanture des façons de sa-
vants anglais, italiens, allemands, espa-
gnols, suédois; des naturalistes amenés là,
pour sa damnation, des quatre parties du
monde.

Le lundi, notre homme croit posséder
de véritables furets.

On lui prouve, le mardi, que ce sont
des cochons d'Inde.

Le mercredi, on lui démontre que les cochons d'Inde, mammifères de l'ordre des rongeurs, n'ont jamais ressemblé à des furets; et, le jeudi, bon gré, mal gré, on le force à convenir que les animaux de sa cage ne peuvent être que des cochons.

Tous les voisins du marchand d'ombrelles, corrompus par Monnier et par Romieu, prennent fait et cause, qui pour les cochons d'Inde, qui pour les furets.

Bref; las de voir sa vie troublée par une telle incertitude, le fabricant de parapluies donne, un beau matin, dans la cage un coup de pied furieux et l'envoie rouler au milieu de la rue avec les hôtes qu'elle renferme.

3

Il était sérieusement menacé d'une at-
taque de fièvre chaude.

Henry Monnier a donc commencé sa
carrière d'artiste en faisant et en disant
des charges; il en a toujours fait et dit par
la suite; il en fait et il en dit encore.

S'il vient à mourir, nous gageons qu'il
en fera ou qu'il en dira une à son heure
dernière.

Ce ne sera peut-être pas la plus mau-
vaise.

On sent bien que nous devons renoncer
à donner seulement la millième partie de
ces histoires burlesques; elles composè-
raient la matière de quinze tomes in-
folio [1].

[1] Une des plus connues est celle des enseignes de

Henry menait de front, sans y songer, l'étude de sa triple profession d'auteur, d'acteur et de dessinateur, qu'il devait conduire plus tard à un si haut point d'originalité.

Le talent d'observation se développait en lui d'une manière vraiment prodigieuse.

Quand il dessinait, rien n'échappait à son crayon railleur; et, dans ses charges parlées, il reproduisait tout : le geste, l'attitude, la physionomie, la phrase et le mot.

Pas un détail n'était oublié.

tout un quartier, changées pendant la nuit. Le lendemain, le charcutier se trouvait être tailleur ; l'épicier vendait des bottes, et ainsi du reste.

Beaucoup de jeunes auteurs dramati-
ques avaient, à cette époque, adopté, de
préférence à tout autre, un café de la pe-
tite rue Saint-Louis [1], aux abords du
Théâtre-Français.

Là se donnaient aussi rendez-vous quelques gens de lettres en vogue, et l'établis-
sement avait reçu le nom de *Café des
Cruches*, probablement par antiphrase.

Henry devint un des piliers du lieu.

Tous les soirs, en présence d'un cercle
d'amis, il déroulait au Café des Cruches
son bagage quotidien d'observations comiques.

[1] Complétement disparue dans les démolitions avec
la rue de Rohan, la rue de Chartres et bien d'autres.

Dès-qu'il entrait dans la salle, chacun de quitter au plus vite les dominos ou les échecs. On élargissait le cercle. Il parlait devant la plus nombreuse et la plus sympathique assistance.

Les éclats de rire s'entendaient jusqu'au Palais-Royal.

Or les habitués du cercle avaient, comme tout le monde, leur côté vulnérable.

Bientôt les manies, les ridicules, les prétentions de ces messieurs, fournirent leur contingent à la verve du comique improvisateur.

Il avait remarqué dans son auditoire certain général en retraite, personnage d'une roideur superbe, et qui avait la con-

versation, dogmatique et tranchante au
possible.

On l'appelait le général Beauvais.

Ce vieux brave, reçu au Café des Cruches en compagnie d'un ancien émigré,
M. de Châteauneuf, ne s'imaginait point
qu'il fût possible, en aucun cas, de paro-
dier sa tournure ou ses discours.

Il se trompait.

Henry avait découvert dans toute sa personne une mine précieuse de ridicules, et
la tentation d'exploiter cette mine était
trop forte pour que le mystificateur n'y
succombât point.

Un soir, Monnier entre au café comme
un coup de vent.

Sa toilette a plus de recherche que de coutume. Un gigantesque jabot s'étale sur son gilet de cachemire à ramages. Son cou est emprisonné dans une cravate d'une éblouissante fraîcheur, et un col de chemise énorme, dont les bouts poignardent son chapeau, donne à sa face réjouie l'aspect d'un bouquet de fête enveloppé d'une feuille de papier blanc.

Tous les habitués pressentent qu'il va se passer une scène nouvelle, insolite, étrange.

En effet, après avoir cordialement serré la main du vieux militaire, Monnier prend tout à coup une voix de basse-taille, lance quelques-unes de ces phrases devenues depuis si célèbres, nettoie avec à-propos le verre de ses lunettes, secoue son jabot, tousse, crache, fulmine contre les institutions du pays, et se rassied au milieu d'une hilarité vraiment olympienne.

On avait reconnu trait pour trait ce cher général.

Lui cependant riait plus fort que pas un, sans se douter que Prudhomme, l'immortel Prudhomme, venait d'être créé de pied en cap, et qu'il lui avait servi de modèle.

Quand, plus tard, Henry Monnier écrivit et publia ses *Scènes populaires*, il fit de M. Prudhomme, pour déguiser l'original, un professeur d'écriture.

Mais ce fut la seule altération du type.

Sauf ce léger changement, le personnage resta tel quel, c'est-à-dire un portrait pris sur nature.

Après le général Beauvais, M. de Châteauneuf eut son tour. Monnier le mit en scène dans la *Famille improvisée*.

Rétrogradons un peu, et reprenons l'histoire du dessinateur.

En quittant l'atelier de Girodet, Henry passa la Manche et fit une tournée en Angleterre avec Eugène Lamy.

Revenus de Londres, les deux artistes publièrent leur voyage [1].

On chargea notre héros d'illustrer les

[1] Par la suite, Henry-Monnier fit un voyage en Hollande. L'*Illustration* de janvier 1845 a publié des souvenirs de ce voyage, adressés au docteur Morel, de Lyon.

Chansons de Béranger et les *Fables* de la Fontaine. Il s'en acquitta merveilleusement ; puis il donna une série de dessins, qui fut pour lui la poule aux œufs d'or.

Une vogue énorme le salua pendant sept ou huit années consécutives.

« La lithographie, qui tua la gravure, a-t-il dit lui-même, nous donna la vie. Elle mit du *beurre dans nos épinards*, pour nous servir d'une expression qui ne manque pas d'énergie. »

Dès à-présent, nous pouvons dire du dessinateur et du caricaturiste ce que nous dirons bientôt de l'acteur et de l'écrivain : c'est la réalité, saisie dans son expression la plus juste et la plus naïve, pour tout ce qui a rapport au costume, à la physionomie et à la pose.

N'y cherchez pas le dessin, car il n'y brille que par son absence ; mais cherchez-y la vérité, vous la trouverez toujours.

Extrêmement original dans ses créations, l'artiste, quand il s'agit d'interpréter, révèle, en outre, un sens exquis, une intelligence supérieure. Ses vignettes pour les livres de Balzac sont autant de chefs-d'œuvre qui traduisent et rendent plus saillante la pensée du grand romancier.

Faisant fort peu de cas de son incroyable talent d'imitation et d'assimilation, en dehors du dessin, Monnier ne se doutait guère que cette faculté bizarre deviendrait

pour lui une ressource; et qu'il serait
obligé d'en vivre.

La vogue de ses caricatures augmen-
tait chaque jour; il pouvait sans fatuité la
croire durable.

Il acheta donc, à quelques lieues de
Paris, une modeste maisonnette, espérant
la payer tout à l'aise avec le produit de
ses œuvres.

Mais il avait compté sans la Révolution
de juillet.

Celle-ci intronisa chez nous, pour quelque temps du moins, une liberté illimitée
qui devint fatale à notre héros.

Les caricatures, considérées comme au-
dacieuses sous la Restauration, semblèrent

tièdes sous le nouveau régime. Les inso-
lents coups de boutoir portés à Louis-Phi-
lippe et à ses ministres par le *Charivari*
firent tout à coup pâlir les finesses d'allu-
sions des dessinateurs de l'autre règne.

La témérité devait nécessairement tuer
l'esprit.

Monnier se déclara battu sur ce terrain
et déposa son crayon, plutôt que de le
tremper dans la boîte au gros sel, qui ser-
vait à épicer tous les ragoûts politiques du
moment.

Si les caricatures ne se vendaient plus,
les maisons se payaient encore.

Force lui fut d'avoir recours à de nouveaux moyens pour faire honneur à ses
engagements. Beaucoup d'hommes de

lettres , de Latouche, entre autres, et Al-
phonse Karr lui dirent :

— Mais pourquoi n'écrivez-vous pas ce
que vous racontez si bien ? Jamais on n'a
rien fait de semblable. Allons, du courage ! Nous vous aiderons.

Et les *Scènes populaires* virent le jour.

De Latouche se chargea de reviser le
manuscrit, élaguant les phrases parasites
qui obstruaient le dialogue et enlevaient
au trait sa finesse de précision.

Car, dans ce genre unique où il n'a pas
eu de modèle , et où probablement il
n'aura jamais de rivaux et d'imitateurs,
Henry Monnier manque de tact littéraire.
On est obligé de lui apprendre ce qu'il

faut sacrifier comme longueur, ou ce qui
exige du développement.

Ses amis, là-dessus, lui viennent toujours en aide.

Après de Latouche, Émile de la Bédol-
lière et Louis Desnoyers lui rendirent ce
service de modifications et de coupures,
qu'il accepte, du reste, assez volontiers.

Lorsque le *Siècle*, il y a quinze ou seize
mois, publia les *Diseurs de rien*, le ré-
dacteur en chef du feuilleton opéra de si
énormes retranchements au manuscrit de
Monnier, qu'il réduisit à dix colonnes ce
qui devait en produire quarante, et le tout
dans cette proportion.

Malgré d'aussi gigantesques coupures,

le dialogue parut encore interminable.

— Et voilà précisément ce qui en faisait le mérite ! s'écrie Monnier. Si les *Discours de riens* avaient dit quelque chose d'intéressant, ils n'eussent point justifié leur titre.

Un jour, au sujet de cette production récente, quelqu'un s'avise de contester, devant l'auteur lui-même, la vraisemblance des discours insipides de ses héros.

Henry Monnier se pique au jeu.

Il retourne, le lendemain, chez l'individu qui a critiqué son œuvre.

— Je vous amène, dit-il, un de mes amis à dîner.

En même temps il lui présente un gros

homme, à l'air important, à la voix grave, à la face rubiconde, qui, sans plus tarder, commence l'entretien, le continue à table, bavarde avec solennité deux heures d'horloge, sans rien dire, sans s'arrêter une minute, établissant avec une prolixité assommante les axiomes les plus incontestables, les vérités les plus rebattues, les lieux communs les plus vulgaires, se noyant dans mille détails, se jetant tête baissée au milieu du réseau des périphrases, et faisant avec un luxe de prétentions inouï les remarques les plus niaises, les plus oiseuses, les plus absurdes.

— Ah! mon cher Monnier, dit l'amphitryon vaincu, vous avez gagné votre cause ! Ne ramenez votre avocat sous aucun prétexte.

4

Les premières *Scènes, populaires* pa-
rurent en 1830, et ce ne sont pas les
moins célèbres. Il nous suffira de citer
les *Deux enterrements,* — le *Dîner bourgeois,* — la *Cour d'assises,* — et le *Roman chez la portière.*

Henry Monnier ne chercha pas bien loin
la célèbre madame Desjardin, héroïne de
ce dernier tableau.

C'était sa propre concierge.

Toutes les fois qu'il entrait dans sa loge,
il était sûr de recueillir un flux intaris-
sable de cancans et de médisances, re-
haussés d'invectives pittoresques, de vo-
cables extraordinaires et de tropes expres-
sifs.

Dieu sait tout ce qu'elle lui débitait sur

le compte du deuxième, du quatrième et
sur le compte du *proprilliétaire !*

Son interlocuteur ne perdait pas une
syllabe de ces conférences.

Flattée des égards que lui témoignait
l'artiste et du vif intérêt qu'il semblait
prendre à sa conversation, madame Desjardin n'avait plus de secrets pour lui.

Voilà comment Henry Monnier sténo-
graphia toute vive l'histoire des écorces
de melon, jetées devant la loge par l'or-
gueilleux tailleur du *cintième* avec l'in-
tention formelle d'humilier la portière.

Nous pourrions reproduire une foule
d'autres anecdotes du même genre que
l'auteur des *Scènes populaires* nous a
religieusement transmises.

Somme toute, Henry Monnier n'invente rien. Lui-même le dit et s'en fait gloire. Nous enregistrons son propre aveu.

Il ne crée pas, il s'incarne.

Ce qui autour de nous effleure à peine nos yeux tombe de prime abord sous son génie d'observation. Faits, discours, gestes, mœurs, caractères, tout se grave, tout s'incruste dans son cerveau. Voilà ce qui donne à ses personnages ce cachet désespérant de réalisme qu'on est forcé de reconnaître.

Balzac ne pouvait se lasser d'admirer ce coup d'œil infaillible et cette mémoire imperturbable.

« La comédie de Monnier, disait-il, se glisse dans les petits recoins échappés à

Molière et ramasse les miettes de ce grand festin comique. »

Merveilleux de vérité, quand il reproduit par la parole, le crayon ou la plume, un type qu'il a connu, l'auteur des *Scènes populaires* s'embarrasse, devient froid et tombe complétement dans le faux, s'il fait une tentative pour sortir de son cadre et se lancer dans une action.

Son livre n'eut d'abord qu'un médiocre succès.

En dépit du titre, il ne fut pas goûté des masses, et l'on peut dire en toute assurance que les compositions de Henry Monnier ne seront jamais populaires.

Le peuple, avant tout, se préoccupe de la conception d'une œuvre, de l'intérêt qu'elle présente, et n'envisage point le côté comique des histoires qui le concernent, surtout quand on s'avise de le peindre avec ses ridicules.

Il est rare qu'on se décide à rire de soi-même [1].

Les amis qui entouraient Monnier lui conseillèrent de jouer devant le public les scènes parlées et mimées dans les cercles intimes, et auxquelles le geste et l'intonation donnaient une vie si puissante.

Étienne Arago, directeur du Vaudeville, lui ouvrit à deux battants les portes de son théâtre.

Monnier débuta, le 4 juillet 1831, dans

[1] Cela est si vrai, que la veste ne réussit jamais, au point de vue comique, sur les théâtres du boulevard.

la *Famille improvisée*, pièce à tiroirs
que feu Brazier arrangea d'une façon très-
habile, en y enclavant les meilleurs types
des *Scènes populaires.*

Jamais représentation n'excita dans le
monde artiste et dans le monde littéraire
une curiosité plus vive.

Outre les hôtes accoutumés de la critique et du feuilleton, le Vaudeville, ce
jour-là, reçut tous les princes de la litté-
rature et du théâtre. Hugo, Balzac, Charles de Bernard, Samson, Beauvallet, Frédérick Lemaître et vingt autres encom-
brèrent les galeries et le balcon.

Le succès de Monnier fut énorme.

Il remplissait dans la pièce quatre rôles
à la fois, le chevalier Coquerel, Joseph

Prudhomme, Jacques, le marchand de bœufs, et la veuve Pitou.

Dans cette soirée brillante, on peut dire qu'il fut sacré artiste dramatique.

Tous les journaux célébrèrent son triomphe. Nous avons sous les yeux un compte rendu pompeux, qui remonte à vingt-six ans, et dont voici quelques passages :

« Un jeune artiste plein de verve et d'esprit, un de ces artistes philosophes qui ont retrouvé au bout de leur crayon la comédie perdue au théâtre, la comédie à la fois bouffonne et profonde, la comédie du *Bourgeois gentilhomme* et du *Malade imaginaire*, de Cervantes et de Rabelais, — Henry Monnier, — voyant l'art,

son art à lui, étouffé sous les ruines de
nos grandes guerres politiques, vient d'é-
changer les traits fins et spirituels de son
visage, son œil observateur, sa physionomie mélancolique, sa taille élégante et
svelte, contre l'abdomen, les bras pen-
dants, les grosses joues, le regard satis-
fait, la grosse importance de M. Prudhomme.

« Vieille portière qui estropie d'une
voix glapissante un roman cent fois in-
terrompu par le bruit du marteau ou
par le grognement d'Azor; vieux débau-
ché qui met le nez aux magasins de modes
et hante les cabinets particuliers du Ca-
dran-Bleu; concierges, chefs de bureau,
cochers de fiacre, c'est M. Monnier à lui
seul qui sera tout cela.

« Allons, artiste, agrandis ton nez, ré-
trécis ta bouche, enfle tes joues ou al-
longe ton visage! Sois grand, petit,
maigre, replet, borgne, bossu, boiteux,
bancal; parle du nez ou de la poitrine; re-
vêts toutes les formes, toutes les physio-
nomies, tous les caractères; qu'on te
trouve jeune, vieux, laid, beau, spirituel,
niais, avec toutes les nuances de l'espèce!

« De charmantes ébauches comiques,
jouées au coin du feu, sans façon, avec
tout l'abandon d'une joyeuse causerie, et
comme on raconte entre soi une aventure
du matin, en se laissant aller sur les
larges coussins du canapé, tout cela don-
nait aux amis de Monnier et à Monnier
lui-même bon espoir et bon courage.

« Il a eu confiance et il a osé; il a combattu, et il vient d'obtenir un des plus beaux et des plus étonnants succès qui, depuis longtemps, aient fait retentir les voûtes d'un théâtre.

« Si maintenant on demande à quel talent le talent de Monnier ressemble, quel homme il rappelle, sur quelles traditions il règle ses effets, nous dirons que Monnier ne ressemble à personne, qu'il est lui, lui tout seul et pas un autre, chose rare et d'un grand prix par le temps qui court [1]. »

Étienne Arago engagea sur l'heure notre débutant.

[1] *National*, 7 juillet 1851.

Tour à tour Henry Monnier joua sur le théâtre du Vaudeville le *Contrebandier*, — *Joseph Trubert* — et le *Courrier de la malle*.

Inimitable et plein de verve dans les œuvres composées par lui et pour lui, le nouvel acteur, chose étrange! se montrait plus que médiocre dans toutes les autres.

Alors il eut le bon esprit de restreindre son répertoire à quelques pièces spéciales, qu'il alla jouer successivement en province.

Dans ces tournées départementales, il donna libre carrière à son goût pour la mystification.

Les acteurs qui montaient à côté de lui

sur les planches se trouvaient en butte à toutes sortes de mauvais tours.

Un jeune premier, qui devait remplir un rôle à moustaches, était sur le point d'entrer en scène, quand tout à coup Monnier l'arrête et lui glisse à l'oreille :

— Prends garde! il te manque une moustache.

Le comédien s'arrête, éperdu.

— Est-ce possible? murmure-t-il.

— Mais oui! Le temps presse, ôte-la donc! c'est à gauche. Il vaut mieux n'en pas avoir du tout : tu te ferais siffler!

Tout cela dit, comme de juste, avec ce sérieux imperturbable que Monnier seul possède.

Aussitôt le jeune premier confiant d'arracher le duvet postiche qui orne sa lèvre à gauche, tandis que le côté droit reste garni de poil noir.

Puis il entre en scène et arpente les planches avec beaucoup d'aplomb.

Persuadé qu'on se moque de lui, le parterre siffle à outrance, et Monnier, dans la coulisse, rit à se tordre les côtes.

Un autre soir, c'était un courtisan qui, sur le point de paraître devant le roi, devait nécessairement entrer le chapeau à la main.

— Tu n'as pas de chapeau, lui dit Monnier tout bas. Prends vite celui-ci.

L'acteur, que son épaisse perruque em-

pêche de sentir sur sa tête l'adhérence du
feutre, s'empare de l'autre, couvre-chef
qu'on lui présente, et aborde Sa Majesté
avec le plus cérémonieux des saluts.

— Mais, imbécile, découvre-toi donc !
lui souffle le monarque.

— Hein ? fit le courtisan.

— Ôte ton chapeau, sacrebleu !

Notre personnage, ahuri, montre le
feutre qu'il tient à la main, ne comprend
pas les signes d'alarme de son camarade,
s'explique moins encore les murmures du
public, perd la tête et s'imagine que le
roi l'invite à se couvrir.

Exécutant aussitôt ce geste, il fait rouler par-dessus la rampe le premier chapeau.

La salle tout entière éclate, et le pauvre diable se sauve au milieu des huées.

Parfois les victimes du mystificateur se fâchent. Il y a de quoi. Mais Henry Monnier les attend de pied ferme, et toujours il se tire d'embarras.

Fussent-ils susceptibles et chatouilleux sur le point d'honneur comme les raffinés du temps de Louis XIII, duellistes et spadassins comme le chevalier de Saint-Georges, les acteurs mécontents ne tiennent pas contre un de ces mots prononcés avec le ton désopilant particulier à ce diable d'homme.

L'éclat de rire part, et la colère s'évanouit.

Dans la bouche de Monnier, le mot a rarement beaucoup de finesse; mais il est toujours d'un burlesque inouï.

Tout le monde connaît l'histoire du cheveu qu'il trouva dans son omelette en dînant chez un traiteur.

— Garçon, cria-t-il, j'aime les omelettes chauves! Quand vous me donnerez des cheveux, vous aurez soin de me les servir à part.

D'autres fois, le mot comique lui échappe malgré lui, dans les circonstances les plus lugubres.

Un de ses amis, appelé Provenchères, vient à mourir.

Se trouvant au convoi, juste à côté

du médecin qui a soigné la fluxion de poitrine à laquelle le malade a succombé :

— Eh bien, docteur, dit Monnier, est-ce qu'il n'y a plus d'espoir ?

On en citerait des milliers de ce genre.

Ayant épuisé le succès dans ses propres pièces, Henry Monnier voulut jouer les pères nobles. Il y fut très-médiocre, bien qu'il y apportât infiniment plus de préten-tions que dans tout le reste.

Ceci est une remarque bizarre, et cha-cun l'a faite comme nous : le talent n'est chatouilleux que juste à l'endroit où le bât le blesse.

Après une répétition générale dans une

comédie à couplets où il fut presque détestable, Monnier se prit à dire :

— Je ne reçois point d'avis, messieurs. Mon maître et mon modèle, c'est Frédérick, je n'en ai pas eu d'autre.

C'est justement celui-là que vous n'imiterez jamais, ô grand imitateur !

Habitué de longue date aux éloges que lui prodiguent naturellement, outre mesure, ceux dont il désopile la rate, Henry Monnier se montre sensible aux preuves d'affection et de sympathie ; mais gare à ceux qui dénigrent son talent !

Henry Monnier ne pousse pas toutefois l'outrecuidance jusqu'à vouloir jouer la tragédie, comme l'annonçait tout récemment l'écrivain stupide qui signe BOGDANOFF dans la *Gazette de Paris*.

Il rend coup pour coup, blessure pour blessure. Sa colère est d'autant plus terrible, qu'elle a la bouffonnerie pour complice.

Autrefois, il était grand ami de Janin [1].

Seulement, un jour, le critique ayant

l'était aussi fort lié avec Eugène Sue, et la *Silhouette* de 1848 raconte une charge pour le moins aussi curieuse que celle dont nous avons fait mention. Depuis que l'auteur des *Mystères de Paris* passait à l'état d'homme politique, Henry Monnier ne le rencontrait plus et frappait vainement à sa porte. Les consignes étaient impitoyables. Un jour, après avoir attendu une heure dans l'antichambre, il s'empare de deux plats de vermeil, destinés aux lettres et aux cartes de visite, et les emporte apertement sous le bras. Le concierge crie : « Au voleur! » Grand esclandre. On va chercher la garde, et l'on conduit Monnier devant le maître de la maison, qui s'écrie : « Tiens, c'est toi! Comment vas-tu? — Je savais bien, dit Monnier en éclatant de rire, que je parviendrais à te voir! » On renvoya la garde au poste, et le concierge à sa loge.

eu l'imprudence de dire, en pleines colonnes des *Débats*, que Monnier avait dans
le talent un cachet vulgaire, et qu'il se
complaisait à la peinture des choses basses
et ridicules, tout fut rompu entre eux.

La brouille devint complète.

Notez que dans la circonstance, comme
dans beaucoup d'autres, hélas! ce bon
monsieur Janin se rendait coupable d'une
perfidie gratuite.

On ne choisit pas la nature de son talent.

Comme dit Balzac, Henry Monnier *ra-*
masse les miettes du grand festin de
Molière, et c'est quelque chose. Il ne se
complaît pas dans la peinture des choses
basses et ridicules, il suit la pente natu-

relle de son génie. L'art ne connaît pas la
distinction des types, il applaudit à la manière dont ils sont rendus, et ce bon monsieur Janin le sait mieux que personne.

Mais il avait besoin, ce jour-là, de faire
sentir à son ami Monnier sa griffe de ma-
tou capricieux.

Donc Monnier ne lui pardonne pas.

Toutes les fois que vous prononcerez
devant lui le nom du critique, vous êtes
sûr d'entendre quelque chose d'analogue
à ce qui va suivre :

« — Ce malheureux Janin !... Décidé-
ment on affirme qu'il n'a plus longtemps
à vivre. Il est menacé d'une maladie terrible... Ah ! je connais le docteur qui le
soigne, vous pouvez me croire. Son Escu-

lape m'a confié qu'il était perdu. La mort
le frappera tout d'un coup... C'est bien
dommage!.... Pauvre gros homme!....
N'allez pas lui répéter cela, au moins! »

Henry Monnier a la rancune tenace.

En voici un autre exemple.

C'était dans les derniers mois du règne
de Charles X. Le caricaturiste était alors en
relation d'intérêt avec certain escompteur
de la rue des Bons-Enfants, beau-frère
d'un membre distingué de l'Académie de
médecine, qui lui prenait le papier de ses
éditeurs à gros escompte.

Un jour, cet usurier lui glisse trois
pièces fausses dans un rouleau d'or.

Monnier, rentré chez lui, s'en aper-
çoit.

Il prend un cabriolet, retourne voir
son homme, et le prie, poliment d'abord,
de réparer ce qu'il veut bien appeler une
erreur.

L'éhonté fripon s'y refuse.

Une querelle s'engage ; il faut le me-
nacer du commissaire et du procureur du
roi pour le décider à reprendre sa fausse
monnaie.

— Attends, attends, drôle ! se dit Monnier, nous ne sommes pas au bout du rè-
glement de comptes !

Bientôt arrive la Révolution de juillet.

Pendant que Paris soulevé écrase la
garde royale et les Suisses, notre dessinateur franchit les barricades et s'expose à

la mitraille pour écrire sur chaque mur
de la ville insurgée ces mots au crayon
rouge :

« UN TEL, voleur ! »

Tous nos contemporains savent le nom
pour l'avoir vu écrit partout.

En ces heureux jours de procès en dif-
famation et de dommages-intérêts de-
mandés par messieurs les critiques, nous
ne voulons enrichir personne.

Qui donc, au milieu de cette ardente
fournaise, eût empêché Monnier de satisfaire sa fantaisie et de proclamer une
vérité si courte à cent mille exemplaires ?

Il n'y avait pas là de saisie possible.

Les pavés furent remis en place ; mais

l'inscription resta, multipliée encore longtemps après par cette rage d'imitation
qui est le propre du gamin de Paris.
L'homme aux escomptes usuraires et aux
pièces fausses disparut, pour aller, nous
ne savons où, cacher sa honte.

Henry Monnier est l'idole des réunions
bourgeoises.

On le recherche, on l'invite sans cesse.
Il a contracté, par cela même, l'habitude
et le goût des dîners en ville.

Le dîner en ville fait partie du budget
de sa maison.

Du reste, il payé de sa personne et
dédommage amplement ses hôtes. On n'a
pas besoin de recourir aux instances pour
le décider à représenter un de ses types :

il va de lui-même au-devant de tous les désirs.

Vous ne le trouverez dans son élémé véritable que sur le terrain de la charge.

Autant il se montre lourd et froid dans le dialogue ordinaire, autant alors il s'anime. Il est positif qu'il s'amuse lui-même énormément.

Une fois lancé, Monnier ne s'arrête plus.

Il improvise des types, avec une telle soudaineté de verve, qu'il ne les retrouve plus ensuite, à moins qu'on ne le remette sur la voie.

Nous l'avons dit plus haut, il s'incarne dans ses personnages. Cela est si vrai, qu'il finit par les reproduire à son insu.

La manière d'être de Henry Monnier rappelle énormément M. Prudhomme. Il a sa voix, son port majestueux, ses allures solennellement comiques, et, si l'on regarde de près, on lui trouve également quelques faux airs de madame Désjardin.

Une fois aux prises avec ses charges, il passe de l'une à l'autre avec une incroyable facilité.

Son ton, ses gestes, sa tournure, son visage même, tout se métamorphose instantanément; puis, la farce jouée, notre homme retombe dans le calme plat.

Son air doux et son apparence de petit rentier tranquille et inoffensif sont très-curieux, comme étude, pour le psycho-

logue. On ne reconnaît certes pas l'homme
qui, dans ses mystifications, se livre à
la plus haute fantaisie.

Monnier se promenait, un soir, la canne
à la main, sur le boulevard Bourdon.

Tout à coup il avise devant lui, mar-
chant à pas comptés sur l'asphalte, un
brave bourgeois du Marais, dont le chef
est couvert d'un tromblon magnifique.

— Diable! diable! voilà un chapeau
qui me contrarie, grommelle Monnier entre ses dents.

Il s'approche et considère attentivement
ce feutre bizarre.

— Quel chapeau! quel absurde chapeau! Le préfet de police a le plus grand

tort de ne pas proscrire de semblables
coiffures. Cela donne aux étrangers mau-
vaise opinion des modes françaises.

Tout en se parlant ainsi à lui-même, il
arrive sur les talons du bourgeois.

— Corbleu ! se dit-il, j'ai une tentation. Y céderai-je ou n'y céderai-je pas ?
J'y cède !

Et, d'un grand coup de canne, il en-
fonce le couvre-chef sur les yeux du pai-
sible promeneur.

Celui-ci se dégage avec beaucoup de
peine et se retourne abruti.

Monnier, grave, immobile, se tenait à
trois pas, sa canne derrière le dos.

— Ça vient de là ! dit-il en montrant les fenêtres du grenier d'abondance.

Passant ensuite avec une démarche digne, et un visage imperturbable devant l'honnête habitant du Marais, il le salue d'un air de politesse exquise et poursuit sa route.

Une autre fois, sur le boulevard, s'arrêtant à la porte d'un photographe, il lit une affiche ainsi conçue :

« PORTRAITS APRÈS DÉCÈS. »

Il monte, prend une mine funèbre, et demande au photographe s'il peut le suivre pour faire le portrait d'un de ses parents qui est mort.

— Je suis à vos ordres, répond l'artiste.

Chargé de son appareil, il descend avec Henry Monnier, et, chemin faisant, après quelques mots de condoléance bien sentis :

— Le défunt, monsieur, lui dit-il, était votre proche parent, sans doute ?

— Très-proche parent, c'était mon grand-père.

— Il devait être fort âgé.

— Point du tout, il est mort à l'âge de trente-six ans.

— Hein ?

— Trente-six ans, oui, monsieur, à la prise de la Bastille !

On juge de la colère du photographe.

Monnier n'entend pas qu'on donne le nom d'artiste à ces industriels. Il se moque d'eux toutes les fois que l'occasion s'en présente, et ne craint pas de leur appliquer indistinctement à tous, même à Nadar jeune, le mot cruel de sa jeunesse, au bon temps de Romieu, des furets et des rapins :

« — C'est encore un épicier ! »

Pourtant lui-même, lui, Monnier, le roi de la charge, trouva son maître un jour, et l'aventure que voici remonte à deux ans tout au plus.

Un Anglais, rose et blond, l'accoste en pleine rue Vivienne.

6

— *Meuraïce* hôtel ? demande-t-il avec un accent des plus britanniques.

— Ah ! bon !... Vous demandez l'hôtel Meurice ? Tout droit devant vous, monsieur. Suivez cette rue jusqu'à la rue Neuve-des-Petits-Champs; tournez ensuite à droite, puis à gauche; puis, une fois dans la rue Richelieu... Eh bien, mais, ajouta-t-il en le regardant, est-ce que vous ne comprenez pas?

L'insulaire ouvrait les yeux, ouvrait la bouche et restait dans l'attitude la plus suspecte d'inintelligence.

— Il ne trouvera jamais, pensa le charitable artiste; je vais le conduire.

— Allons, dit-il, suivez-moi.

— Haô!... yes! répond l'enfant de la Tamise.

Le long du chemin, Monnier lui montre tous les monuments près desquels on passe, et lui en explique la destination et la nature, en homme qui est fier d'être Français.

— Haô!... yes! dit l'Anglais reconnaissant.

On arrive à l'hôtel Meurice. L'étranger salue son conducteur, et, franchissant la porte, lui dit dans le plus pur idiome parisien :

« — Merci, épicier! »

C'était un artiste du Palais-Royal.

Henry Monnier raconte une autre anecdote, qui peut servir de pendant à celle qui précède.

On montrait au boulevard Bonne-Nouvelle les Indiens Joways. Il voulut assister à l'une de ces exhibitions. Quand elle fut terminée, il s'approcha du grand chef, la *Pluie qui marche*, essayant de lier avec lui un entretien par signes.

La mimique expressive de Monnier fut très-intelligible pour le sauvage, qui s'écria tout à coup :

— C'est mon nom que vous voulez savoir? Je m'appelle Morel.

Henry Monnier continue ses esquisses comiques. Les *Trompettes*; — l'*Esprit des campagnes*, — les *Compatriotes*, — les *Petits Prodiges*, — *Peintres et Bour-*

geois, etc., grossissent aujourd'hui le recueil des *Scènes populaires.*

De même qu'il nous est impossible de
les citer toutes, nous n'en analyserons
aucune, par cette simple raison que cela
échappe à toute analyse.

On l'a dit cent fois avant nous, et la
comparaison devient presque banale :
« C'est de la photographie littéraire. »
Monnier devrait alors se montrer plus
indulgent pour les photographes.

Après ses tournées en province, notre
écrivain-comédien se fit directeur de
troupe et alla donner des représentations
en Belgique, en Allemagne et en Russie.

De retour en France, il reparut au Vau-

deville et fut ensuite engagé aux Variétés.
Il tira de son esquisse intitulée les *Compatriotes* une pièce dans laquelle il créa
le principal rôle, et qui obtint un succès
de bon aloi.

Ceci avait lieu en 1848.

En 1852, Monnier, prenant Gustave
Vaëz pour collaborateur, composa une
nouvelle œuvre dramatique, à laquelle
l'Odéon dut sa fortune.

Quatre mois entiers l'affiche annonça
chaque jour : *Grandeur et décadence de
M. Joseph Prudhomme.*

Le type de l'élève de Brard et Saint-
Omer semblait toujours nouveau, comme

tout ce qui ne s'écarte point du vrai comique. Monnier s'y montra réellement
prodigieux, et surtout prodigieusement
réel [1].

Par malheur, il abusa de ce grand succès pour jouer sur le même théâtre une
comédie, tirée d'une longue et belle scène
en prose, *Peintres et Bourgeois*, et qu'il
eut l'étrange fantaisie de mettre en vers.

Espérons qu'il ne recommencera plus
pareil travestissement.

Dans le livre comme au théâtre, ses
œuvres doivent rester ce qu'il les a faites.

---

[1] Il a écrit les *Mémoires de Prudhomme* et les a
vendus à la librairie Nouvelle, qui a grand tort, selon
nous, d'en retarder la publication.

Elles n'ont rien à démêler avec le ly-
risme [1].

Henry Monnier occupe aujourd'hui un
modeste appartement rue Ventadour.

Ce qu'il y a de remarquable dans son
intérieur consiste en un certain nombre
de tableaux ou de dessins de lui et de
Charlet. D'innombrables photographies le
représentent dans tous ses rôles et tapis-
sent la salle à manger; nouvelle preuve
que l'art du photographe est moins digne
de mépris qu'il veut bien le dire.

[1] En quittant l'Odéon, Monnier fut engagé au Palais-Royal, où il joua son *Roman chez la portière.* La
brochure de cette dernière pièce nous apprend qu'il a
eu pour collaborateur M. Gabriel. Toutes les fois que
le Palais-Royal veut éveiller les échos du fou rire, on
rappelle l'auteur du *Roman chez la portière,* et la
pièce reparaît sur l'affiche.

Henry Monnier, est un parfait galant homme, un excellent père de famille.

A une époque où il était jeune encore, il s'est marié avec une actrice de mérite, qui joua quelque temps au Gymnase. Elle alla se fixer ensuite au théâtre des Arts, à Rouen, d'où elle est revenue pour accompagner son mari en province.

Ils ont toujours fait, bien que d'un peu loin, délicieux ménage.

Monnier continue ses charges; il entasse chaque jour bons mots sur bons mots. C'est un homme incorrigible et qui mourra dans l'impénitence finale.

L'autre jour, il disait à Gavarni :

— Ah! l'ambition, que de malheurs elle cause! Elle a perdu Napoléon Ier, mon cher. S'il était resté lieutenant d'artillerie, il serait encore sur le trône.

FIN.

ERRATA

Dans notre dernier volume (biographie d'Auber), page 52, ligne 15, au lieu de : « *Marrast* » lisez : « Carrel. »

Page 80 (même volume), au lieu de : « La mort vint briser les cordes, » etc , lisez : « Cette cantatrice quitta le Grand-Opéra, et la *Corbeille d'oranges* disparut de l'affiche. »

cher ami.

— Je te prie remettre au porteur mon
fils Guillaume du part. L'Alarge
— à midi nos mousquetaire

Bien à toi

HISTOIRE-MUSÉE

DE LA

RÉPUBLIQUE FRANÇAISE

DEPUIS

L'ASSEMBLÉE DES NOTABLES JUSQU'A L'EMPIRE

PAR

AUGUSTIN CHALLAMEL

ACCOMPAGNÉE

DES ESTAMPES, COSTUMES, MÉDAILLES,
CARICATURES, PORTRAITS HISTORIÉS ET AUTOGRAPHES
LES PLUS REMARQUABLES DU TEMPS

TROISIÈME ÉDITION

Le succès qui a accueilli les deux premières
éditions de ce livre pourrait, à la rigueur, nous
dispenser d'entrer dans de nouvelles explica-
tions sur l'intérêt des matières qu'il traite, et

sur l'importance des nombreux documents qu'il contient; mais il nous a semblé qu'il ne serait pas hors de propos aujourd'hui de dire quelques mots sur la pensée de l'auteur, sur le plan qu'il a suivi et sur les motifs qui doivent faire, à notre avis, désirer en ce moment une réimpression de cet ouvrage.

L'*Histoire-Musée de la République française* n'est pas, à proprement parler, une histoire de la République, c'est-à-dire un récit plus ou moins détaillé des événements publics groupés et appréciés suivant la passion politique, le système ou l'école philosophique de l'auteur; elle n'est pas non plus, comme on pourrait le penser, un simple recueil de documents, plutôt fait pour les écrivains que pour les lecteurs; elle tient à la fois de ces deux genres de livres, plus impartiale et moins solennelle que les narrations des historiens, en ce qu'elle se borne, la plupart du temps, à exposer les circonstances dans lesquelles se sont produits les lettres, les dessins, les emblèmes, les caricatures, dont elle retrace et conserve l'image exacte comme autant de

monuments des luttes des partis, elle est moins
sèche aussi et plus instructive qu'une simple
collection de pièces, parce que, en guidant le
lecteur par un récit rapide des faits qui relient
entre elles ces productions si diverses de l'esprit français pris sur le fait dans le moment
où la surexcitation des passions de parti lui
donne l'essor le plus énergique, elle met l'observateur intelligent à même d'en déduire des
enseignements utiles.

On pourrait dire que l'*Histoire-Musée de
la République française* est la chronique du
mouvement quotidien de l'esprit français pendant la Révolution.

Quant à l'opportunité du moment choisi
pour cette réimpression, nul ne contestera
qu'elle ne saurait se produire plus à propos
que dans ces temps de calme si favorables à la
méditation, ces temps où les esprits sérieux
aiment à chercher dans l'étude impartiale du
passé la raison d'être du présent et la leçon
de l'avenir.

CONDITIONS DE LA SOUSCRIPTION

L'*Histoire-Musée de la République française*, par Augustin Challamel, formera deux volumes grand in-8 jésus.

550 gravures sur acier et sur bois, dessinées et gravées par les meilleurs artistes, illustreront cet ouvrage, qui sera publié en 72 livraisons à 25 cent., et en 12 séries brochées à 1 fr. 50 cent.

Chaque livraison contiendra invariablement 16 pages de texte, avec gravures, plus *deux gravures* sur acier ou sur bois, tirées à part, ou une gravure et un autographe.

Prix de la livraison, 25 centimes

LES PREMIÈRES LIVRAISONS SONT EN VENTE

ON SOUSCRIT A PARIS

CHEZ GUSTAVE HAVARD, LIBRAIRE-ÉDITEUR

RUE GUÉNÉGAUD, 15

Et chez tous les Libraires de la France et de l'Étranger.

PARIS — IMP. SIMON RAÇON ET COMP., RUE D'ERFURTH 1.